AF286522

Das Leben 1. Teil

von Peter Bochanan

Herstellung und Verlag:
Books on Demand GmbH, Norderstedt
ISBN 978-3-8370-4968-8

Wer ist Peter Bochanan?

Peter Bochanan wurde am 23. Januar 1958 in Aachen geboren. Er ist Vater von sechs Kindern und Opa von sieben Enkeln. Gleich nach Beendigung seiner Kfz-Mechanikerlehre zog es ihn in die Welt hinaus.

Dort sog er gierig alle neuen Eindrücke, Empfindungen und Erlebnisse in sich auf, ohne zu wissen, wann sie für ihn einmal verwertbar sein würden.

Im Jahre 2006 schied er nach fast 21 Jahren aus seinem alten Beruf aus und folgte von da an seiner Berufung, dem Schreiben. Dort konnte er viele seiner Erfahrungen umsetzen. Den Rest erledigte die Fantasie, und davon hat Bochanan jede Menge.

Er schreibt in den verschiedensten Genres, hat seinen ureigensten Stil und ist sehr variabel.

Das Leben

(1. Teil, die Kindheit)

Es war noch reichlich früh im
Jahr,

als ich dereinst geboren war.

Kaum war ich auf der schönen
Welt,

wurd` Böses mit mir angestellt.

Der Doktor schlug mir auf den Po,

darüber war ich gar nicht froh.

Ich brüllte wie ein Stier vor Wut,

das fanden alle scheinbar gut,

denn Muttern lachte übers ganze
Gesicht,

Verstehen konnte ich dass nicht.

Am Anfang gab`s nicht viel zu tun,

da hatt` ich Zeit, mich auszu-
ruh`n.

Nur Windeln füllen, schlafen, es-
sen,

dann war der Arbeitstag gegessen.

Und dann, nach ein paar wen`gen
Wochen,

kam Licht in meine Welt gekro-
chen.

Konnt plötzlich viele Dinge seh`n,

was war da nur mit mir ge-
scheh`n?

Später wurde mir dann klar,

dass das ne glatte Lüge war,

wenn jemand in den Raum gestellt,

das Kind erblickt das Licht der
Welt,

war alles albernes Gemunkel,

am Anfang war die Welt noch dun-
kel.

Nachdem ein halbes Jahr vergangen,

hab ich zu kriechen angefangen,

und dadurch plötzlich festgestellt,

wie groß doch meine kleine Welt.

Konnt hieran zupfen, daran fühlen,

in Mamas schmutz`ger Wäsche wühlen,

schnell mich hinter der Couch verstecken,

und damit Mamas Suchtrieb wecken.

Ich nahm alles in die Hand,

was ich auf meinen Wegen fand,

und konnte dabei oft erleben,

dass Gegenstände gar nicht schweben.

Gar vieles ging dabei zu Bruch,

ich lernte kennen manchen Fluch,

von Vater, Mutter und Verwand-
ten,

die meine Kreativität nicht kann-
ten.

Wer denken sollt, das sei`s gewe-
sen,

soll weiter dies Gedicht hier lesen.

Denn eines Tags ergab es sich,

das war verwunderlich für mich,

stand ich, man sollte es nicht mei-
nen,

allein auf wackeligen Beinen.

Das war für mich ein Freudenfest,

ich machte oft den Schnelllauf-
test.

Und dabei wurde mir dann klar,

dass ich ein flinkes Bürschchen
war.

Erreichte viele tolle Sachen,

konnt irre Spiele damit machen.

Und Mutter kam, wenn sie das sah,

allmählich der Verzweiflung nah.

Die schönste Zeit geht mal vorbei,

ich wuchs und wuchs, und war bald
drei.

Das hieß, ich brauchte nicht mehr
warten,

kam endlich in den Kindergarten.

Der erste Tag, der war recht
blöd,

ohne Mama war es öd.

Drum saß ich auch nur in der Ecke,

und zog ne furchtbar lange Fleppe.

Am nächsten Tag dann war ich fit,

und spielte mit den andern mit.

War gar nicht froh, wenn ich dann
wusste,

das später ich nach Hause musste.

Da musste ich dann Sachen ma-
chen,

da konnt ich gar nicht drüber la-
chen,

wie Ohren waschen oder baden,

da fühlte ich mich schon verladen.

Um wilden Wuchs gar einzudäm-
men,

musst ich auch Nägel schneiden
und mich kämmen.

Wer solchen Quatsch erfunden hat,

der gehört gesetzt schachmatt,

durch solche Sachen kann man entdecken,

Das Leben ist nicht nur ein Zuckerschlecken.

Die Zeit verging, es kam der Tag,

was keinen hier verwundern mag,

da wollt` die Bildung mich erfassen,

und nicht mehr aus den Fängen lassen.

Die Schule rief mit vielen Fächern,

Und ihren Lehrern, diesen Hä-
schern.

Doch kam ich nicht darum herum,

drum machte ich den Buckel
krumm,

gute Miene, böses Spiel,

doch was mir wohl daran gefiel,

Tag eins, als man die Schule hüte,

bekam man eine Riesentüte,

mit vielen tollen Leckereien,

die sollten von der Angst befreien.

Da das den Stress ein wenig
dämpft,

hatte ich mich schon durchge-
kämpft,

Zahlen geübt, Worte gelesen,

ich war ein schlauer Bub gewesen.

Bis tausend konnte ich schon zäh-
len,

brauchte mich nicht so durchzu-
quälen,

so war, zumindest für die erste
Zeit,

vom Arbeitsdruck etwas befreit.

Trotzdem, das fand ich gar nicht
lustig,

das machte mich sogar recht
fuchsig,

das Süße war dahingerafft,

die Schul jedoch noch lang nicht
geschafft.

Vorbei die Zeit des durch den
Kindergarten Schwebens,

von nun an begann der Ernst des
Lebens.

Ne Zeit lang war das Ganze fad,

egal was in der Zeit man tat,

ob rechnen, Schreiben oder Lesen,

gar immer gleich war es gewesen.

Nun war ich in der dritten Klasse,

ein Stückchen grau nur in der
Masse,

da kriegten wir zwei neue Fächer,

darauf erhob ich meinen Becher.

Von der Kunst wurd ich gerufen,

und zwar in zwei verschied`nen
Stufen.

Das eine war die Kunst am Herd,

die war fürs Leben Gold wohl
wert.

Das Zweite war die Bühnenkunst,

auch ihr schenkte ich meine Gunst.

Doch in der damaligen Zeit,

war man von Spott niemals be-
freit.

Ließ man als Mann sich unterjo-
chen,

und lernt, als solcher gut zu ko-
chen.

Gemüse putzen, Beiwerk wählen,

das Fett dann noch vom Fleische
schälen,

dazu die richt`ge Temp`ratur,

wie merkt man sich das alles nur?

Ich hatte alles voll im Griff,

war auf dem nie sinkenden Schiff,

bei 18 netten, jungen Damen,

der einz`ge Junge, aus und Amen.

Am Anfang war der Zweifel groß,

wie will der dass denn machen
bloß?

Zum Schluss jedoch macht`ich
vom Kloß,

bis hin zur fert `gen Bratensoß`,

Einfach alles nur famos.

Nicht anders wars im Showbe-
reich,

zu Hause fühlte ich mich gleich,

bei all den tollen Bühnensachen,

die man mit Fantasie kann machen.

Ich schrieb den Text, vergab die
Rollen,

auf dass die and`ren üben sollen,

was ich ersonnen und erdichtet,

denn Schauspielkunst ja wohl ver-
pflichtet.

Die Aufführung war Spitzenklas-
se,

applaus aus der Zuschauermasse,

war Balsam für das junge Glück,

gern denke ich daran zurück.

Viel Geld hatten wir damals nie,

doch ich war reich --- an Fantasie.

Es kam die güld`ne Sommerszeit,

bald wäre es dann wohl soweit,

zum ersten Mal ins fremde Land,

den Vorschlag ich ganz herrlich
fand.

Wochen vorher schon erregt,

die Lernbereitschaft weggefegt,

fragte ich mich Tag für Tag,

was dieser Urlaub bringen mag.

Schon früh um sechs das Taxi kam,

uns mit sich dann zum Bahnhof nahm,

von wo wir fuhren mit dem Zug,

nach Düsseldorf, zu uns`rem Flug.

Im Zug war ich schon oft gereist,

denn Vaters Job war bei der Bahn,

doch was ein Flughafen aufweist,

davon hatte ich keinen Plan.

Schon riesengroß die Eingangshal-
le,

mein Kiefer klappte auf die Schuh,

ab hier ging unser Flug nach Malle,

das Fernweh ließ mir keine Ruh.

Vorbei an massig viel Geschäften,

zum Abfertigungsschalter hin,

ich wollte weg, mit allen Kräften,

doch Urlaub fordert Disziplin.

Endlos lang, die letzten Stunden,

doch endlich war es dann soweit,

die Wartezeit war überwunden,

dir machten uns im Flieger breit.

Als wir uns in die Luft erhoben,

und ich sah den Blick von oben,

da steckte just im Hals ein Kloß,

und`s kleine Herz rutscht in die Hos.

Doch der Schreck war schnell vorbei,

plötzlich fühlte ich mich frei,

losgelöst von allen Sorgen,

dachte längst nicht mehr an Morgen.

Ehe ich mich recht versah,

waren wir dann auch schon da.

Die letzte Stunde mit dem Bus,

bereitete mir zwar Verdruss,

doch plötzlich, wo kam dass denn
her,

sah ich zum ersten Mal das Meer.

Von da an war mein Herz verloren,

in mir der Spanier war geboren.

Die Tage am Wasser, die waren
spitze,

da konnte man sie ertragen, die
Hitze,

und fand man keinen Kamerad,

nahm man ne Qualle, die warn pa-
rat.

Die hatte ich schon in der Ostsee
gesehn,

ich weiß nicht warum, aber ich
fand sie schön.

Was ich aber ganz außer Acht ge-
lassen,

die hier hatten nicht die Tentakel,
die blassen,

von den lieben Tierchen, die waren
rot,

was mir an und für sich das Berüh-
ren verbot.

Als ich den Unterschied verstand,

da hatt ich mir schon die Hände
verbrannt.

Leute, ich sag`s euch, das war ein
Gejohle,

das fühlte sich an wie glühende
Kohle,

es wurde erst besser und ist dann
verschwunden,

nachdem ich gesalbt war, und dann
verbunden.

Baden war damit für den Tag pas-
sé,

aber ich fand, das war schon ok,

denn, wen verwunderts, als trös-
tenden Preis,

bekam ich von Mama ein riesiges
Eis.

Am Morgen, bei Tisch, bekam ich
Spanischunterricht,

der Kellner nahm mich in die
Pflicht.

Erklärte mir etwas zu Eiern und
Trauben,

welch blumige Sprache, es ist
nicht zu glauben,

(Erklärung des Autors – Eier sind
uevos und Trauben uvas).

Von da an stand fest, das wollte
ich lernen,

um nie mehr mich von diesem Land
zu entfernen,

ich saugte auf jedes spanische
Wort,

und wandte es an, gleich hier, vor-
ort.

Leider schwanden zu schnell die
sonnigen Tage,

und als es nach Haus ging, war ich,
keine Frage,

sehr traurig, und ein paar Trän-
chen flossen,

diesen Urlaub hatte ich wahrlich
genossen.

Viel Neues wurde mir zuteil,

ich fand den Urlaub einfach geil.

Mit Reiten hatt ichs nicht so sehr,

wohl aber mit der Feuerwehr,

drum wünscht ich mir zum Weih-
nachtsfeste,

der Löschkarossen Allerbeste,

die große Rote mit drei Leitern,

die konnt man später noch erwei-
tern,

schon lang vorher war die Span-
nung da,

ich nervte täglich den Papa,

ob denn auch der Weihnachts-
mann,

mir mein Geschenk bald bringen
kann.

Die Tage zogen sich wie Kleister,

im Warten war ich nie ein Meister,

doch musst ich in Geduld mich
üben,

erklärte mir dann die Mama,

der Weihnachtsmann, der könnt
nicht schneller fliegen,

doch irgendwann wär er schon da.

Schließlich war es doch soweit,

ich machte mich ganz schnell be-
reit,

doch die Enttäuschung war nicht
klein,

man fuhr mich zu dem Omilein,

damals verstand ich nicht – warum,

doch nahm ich es nicht lange
krumm.

Bei Oma gab es viel zu naschen,

nen guten Platz konnt ich erha-
schen,

auf der Couch, der Großen, brei-
ten,

blätterte dann durch die Seiten,

der Fernsehzeitschrift, wo ich
sah,

das Programm war wunderbar,

und die Zeit flog wie der Wind,

bei >Wir warten aufs Christus-
kind<.

Als wir zu Hause eingetroffen,

begann bei mir das große Hoffen,

plötzlich verspürt ich Riesendurst,

doch das war Mutter völlig wurst,

die Küche wurde mir verwehrt,

da war doch irgendwas verkehrt?

Durch die Diele gings gradaus,

wo in der Stube – ei der Daus,

ich an der hintren, großen Wand,

sogleich auch die Bescherung
fand.

So viel Pakete und auch Päckchen,

mit süßem Zeug gefüllte Säckchen,

der Weihnachtsbaum erstrahlte
hell,

vergessen war mein Durst, ganz
schnell.

Sogleich begann ich, auszupacken,

gar manche Schnur war da zu kna-
cken,

und irgendwann war es dabei,

das Fahrzeug von der Löschpartei.

Als ich es hielt dann in der Hand,

ich schnell den großen Fehler
fand,

das Leiterchen war viel zu klein,

so sollte dass am End nicht sein.

Vater suchte zu erklären,

dass er nicht wollt den Wunsch
verwähren,

die richt`ge hat er nicht gefun-
den,

drum sprach er auch ganz unum-
wunden,

dass es zum Trost für wenig Stä-
be,

noch etwas andres für mich gäbe.

Mutter war davongeschlichen,

und in die Küche ausgewichen,

aus dieser kam sie nun zurück,

und brachte mit, zu meinem Glück,

auf ihrem Arm ein Bündel Fell,

mein Freudenschrei war ziemlich
hell.

Vergessen war die kleine Leiter,

mein Leben ging jetzt anders wei-
ter,

so kam ich in der Weih-
nachtsstund,

zu meinem allerersten Hund.

Da Hunde eben manchmal beißen,

und dabei Sachen auch zerreißen,

und so ein Biss geht in die Hos,

mit dieser ist dann nix mehr los.

Dann muss man, wie es mir ge-
schehen,

mit Mama in das Städtchen gehen,

und dort dann eine Neue kaufen,

mit mir war das zum Haare raufen.

Als wir im Kaufhaus angekommen,

da wurd ne Auswahl vorgenommen,

von welchen, die mir könnten pas-
sen,

schon da fing an ich, es zu hassen,

Mama zeigte bei so einem Bein-
kleid,

ihren Geschmack, und der war aus
der Steinzeit,

doch statt meinem eig`nen zu ent-
falten,

sollte ich lieber die Klappe halten.

So gings zur Kabine, um zu probie-
ren,

Mama sagte immer, brauchst dich
nicht zu genieren,

sie hatte leicht reden und von Ah-
nung keine Spur,

sie hatte ja nicht meine verkorks-
te Figur.

Die Erste zu kurz, die Zweite zu
lang,

die Dritte zu weit, da war mir
noch nicht Bang,

doch ging es so in einem fort,

Stunden stand ich an diesem Ort,

und Mutter rannte und fegte
durchs Haus,

suchte für mich neue Beinkleider
aus.

Als wir bei der Dreißigsten ange-
kommen,

hab ich aus dem Augenwinkel ver-
nommen,

dass Mamas Gesicht strahlt, in
leuchtendem Rot,

ihre gute Laune war plötzlich tot.

Dies Geschehn war fürs Personal
äußerst heiter,

doch Mutter suchte unverdrossen
weiter,

bis eine Verkäuferin Mitleid emp-
fand.

Sie nahm meine Mutter an ihre
Hand,

und führte sie zu einem speziellen Ständer,

auf dem sich befanden, lederne Gewänder,

wie aus Bayern man sie kennt,

wo man sie Knickerbocker nennt.

Ein Wunder wars und nicht zu fassen,

doch diese Hose sollte passen.

Mutter fand ihr Strahlen wieder,

und ich bekam ein Ledermieder,

und lief zur Freude vom Publikum,

ab dem nächsten Tag als Bayer rum.

Eins jedoch konnte damit nicht geschehn,

es würd nicht so leicht mehr zu Bruche gehen.

Wenn mein Akkordeon ich jetzt fänd,

dann wärn wir schon ne halbe Band,

könnten unser Können testen,

und musiziern auf allen Festen.

Als Kind bekam ich so ein Ding,

mit dem ich an zu üben fing,

doch wollts von selbst nicht rich-
tig gehen,

drum gab Mama mir zu verstehn,

dass Unterricht jetzt nicht nur
richtig,

für später auch noch äußerst
wichtig.

So fing Vater an, zu suchen,

um Unterricht für mich zu buchen.

Fand eine Schule, die recht nett,

die Lehrerin war sehr adrett,

kannte sich aus mit allen Tönen,

ich musste mich erst dran gewöh-
nen.

Als Erstes übt ich froh und hei-
ter,

der Töne Leiter, immer weiter,

dann kamen die Akkorde dran,

dass warn ne Menge, man oh man.

Und schon nach einem halben
Jahr,

das wunderte mich schon, für-
wahr,

da spielte ich in Moll und Dur,

ne ansehnliche Klaviatur.

Meine Züge leicht erbleichten,

als Fis, Cis, Gis mich dann erreich-
ten,

Eis, Ais, diese beiden,

ließen mich gar extra leiden.

Mit Vollen, Halben, viertel Tönen,

konnt alsbald alle ich verwöhnen,

und spielt, als könnt ichs runter-
leiern,

auf sämtlichen Familienfeiern.

Doch leider kams, wies kommen
musst,

am End verging mir doch die Lust,

ich fand bald andre Interessen,

Akkordeon war schnell vergessen,

das Instrument flog in die Ecke,

und die Musik blieb auf der Stre-
cke.

An einem schönen Sommertag,

was keinen wohl verwundern mag,

die Sonne strahlt am Himmel hell,

drum warf ich mich unglaublich
schnell,

in Hose, T – Shirt, nicht zu glau-
ben,

wollt mich der Freude nicht be-
rauben,

denn, und das ist zu verstehn,

mein Vater wollt` spazieren gehen.

Von Müdigkeit war keine Spur,

ich wollt` hinaus in die Natur.

Hinaus zu Feldern, Wiesen, Seen,

wo laue Sommerwinde wehen,

Wo Rehe und auch Fische sprin-
gen,

wo Vögel ihre Lieder singen,

wo Bäume wachsen, Blumen sprie-
ßen,

wo man kann, frische Luft genie-
ßen.

Ich freute mich gar ungemein,

ein freier Knabe heut`zu sein.

Zuerst da fuhren wir im Bus,

das war für mich schon ein Ge-
nuss,

fernab von Stress und ruhig sit-
zen,

den andren zuzuschaun beim
Schwitzen.

Als wir am Waldrand angekommen,

da hat mein Vater mich genommen,

und wir beide stapften los,

durch das saft`ge, kühle Moos.

Ui, da gabs so viel zu sehn,

an jedem Baum, da blieb ich stehn,

nicht um mich laufend zu beklagen,

ich hatt halt einfach viele Fragen,

zu Pflanzen, Pilzen und Getier,

dass alles existieret hier.

Mein Vater auch geduldig blieb,

mir deren Nutzen dann beschrieb.

Wir kamen zu nem freien Feld,

die Rüben hab ich nicht gezählt,

wohl zugeschaut dem Flug der Ra-
ben,

die ihr Revier dort draußen haben.

Als ich nach oben blickend stand,

entdeckte ich ne Wolkenwand,

ich fand, und drückte das auch
aus,

die Wölkchen sahn bedrohlich aus.

Der Vater hielt es wohl für klug,

entschied sich für nen Blitzrück-
zug,

doch viel zu schnell kam es herbei,

ich dachte ei, ei, ei,

das gibt ne haarige Geschicht,

verstecken war jetzt erste
Pflicht.

Doch weit und breit war nichts zu sehn,

wo sicher man, konnt unterstehn,

außer ner großen, alten Buche,

wo ich alsdann auch Deckung suche.

Da ging das Unheil auch schon los,

in meinem Hals, ein dicker Kloß,

ich hatt bis da, nicht das ich wüsst,

mal lieber einen Baum geküsst.

Die Augen mit der Hand bedeckt,

mein Vater hat mich noch geneckt,

doch momentan, da bin ich ehrlich,

schien mir die Situation gefähr-
lich.

Grad hatte Vater noch gelacht,

da krachte es mit aller Macht.

Bei diesem schrecklichen Getose,

da ging bei mir was in die Hose.

Doch es kam noch viel, viel
schlimmer,

ich hab gedacht, das geht gar
nimmer,

direkt neben dem linken Bein,

schlug ein getroff`ner Ast jetzt ein,

und hätte beinah mich erschlagen,

jetzt konnte ichs nicht mehr er-tragen.

Wir stürmten los und gaben Gas,

vorbei war unser Ausflugsspaß.

Als endlich wir den Bus erreicht,

da warn wir beide eingeweicht,

seither krieg ich den großen Zit-ter,

sehe ich nahen ein Gewitter.

Ende des ersten Teils

Weitere Bücher von Peter
Bochanan im Buchhandel:

Und erstens kommt es anders

Eine traumhafte Insel weit drau-
ßen im Ozean, fernab aller Schif-
fahrtsrouten. Die Eingeborenen,
die dort ihr Dasein fristen, leben
in Eintracht und Frieden. Doch ei-
nes schönen Tages wird ein Klavier
an den Strand gespült. Was hat es
mit dem Klavier auf sich, das nicht
nur Erstaunen und Ratlosigkeit
sondern auch den Tod bringt?

Und was wird aus Charlie Pendel-
ton, der am anderen Ende der In-

sel angeschwemmt wird, nachdem seine Jacht in einem Sturm gekentert und gesunken ist? Was wird aus Charlies zukünftiger Ehefrau und was passiert noch alles fern von der Insel in der Heimat? Wer ist Cortone und was hat er mit all dem hier zu tun?

Fragen über Fragen --- ein Roman, der von der ersten bis zur letzten Seite von der Spannung lebt. Dieser Roman beinhaltet alles, was das Leserherz begehrt: Spannung, Erotik, Drogen, Mord, Schicksal, Südseeromantik und vieles mehr aber

Vorsicht --- egal was auch passiert --- es kommt immer anders, als man denkt, lesen sie selbst.

Der große Schritt

Dieser unterhaltsame Roman be-
fasst sich mit einem aktuellen
Thema. Noch nie seit 1954 sind so

 viele Deutsche
ins Ausland ab-
gewandert, wie in
diesem Jahr, weil
es ihnen dort an-
scheinend besser
geht.

Walter sitzt jeden Tag auf dem
Lkw und fährt durch die Lande,
während Melanie sich mit Putz-
stellen durchs Leben schlägt. Ei-
nes schönen Tages beschließen sie,
einen kleinen Urlaub zu machen,
um sich vom Alltags - Stress ein

wenig zu erholen. Sie reisen auf der Deutschen liebstes Kind, Mallorca. Beide sind so fasziniert von der Insel, dass sie sich nach ihrer Rückkehr entschließen, dort ein neues Leben anzufangen. Was sie im fremden Land so alles erleben, davon erzählt dieses Buch.

Verlag: Engelsdorfer Leipzig

ISBN: 3-86703-670-5

Preis: 13,50 Euro

Die verschworenen Vier (Kinder- und Jugendbuch)

Die verschworenen Vier, das sind Claudia, Wilma, Sigi und Kurt. In diesem ersten Band der Buchreihe >Die verschworenen Vier< werden in einer Reihe von Kurz-geschichten die Abenteuer der vier Freunde erzählt, die sie im alltäglichen Leben erleben.

Das es dabei schon manchmal recht gruselig zugeht und auch desöfteren gefährlich wird, ist ganz normal, denn sonst wäre ein Abenteuer ja kein Abenteuer. Ich wünsche allen Kids, Teens und

Twens, aber auch den Erwachse-
nen viel Spaß und spannende Un-
terhaltung.

Verlag;   Edition Nove

ISBN: 9783852515120

Preis: 16,40 Euro

Charlies Rückkehr

Charlies Rückkehr ist die Fortset-
zung von Bochanans spannendem
Abenteuerroman >Und erstens
kommt es anders<.

Verlag: Engelsdorfer Leipzig

ISBN: 3-86703-279-3

Preis: 11,50 Euro

Kriminelles, Wundersames und Geschichten, die das Leben schrieb

In vielen hochinteressanten und  spannenden Kurzgeschichten erzählt der Autor Stories aus den Genres Krimi, Fantasy, Erotik und Geschichten, die das Leben schreibt.

Dabei sind auch Geschichten des Eupener Kripogespanns Berger und de Ruijter, die ihren ersten großen Auftritt in Bochanans Thriller >Blume der Vergeltung‹ hatten.

Langeweile ist bei dieser Lektüre ein Fremdwort. Achtung – Suchtgefahr!

Verlag: Engelsdorfer Leipzig

ISBN: 3-86901-218-8

Preis: 11,90 Euro

Blume der Vergeltung

Kriminalhauptkommissar Marc Berger und sein Team stehen vor einer scheinbar unlösbaren Aufgabe. Sie jagen einen Serienkiller, der seine Opfer mittels Baccara-rosen tötet.

Immer wenn sie denken, der Lösung ein Stück näher gekommen zu sein, entpuppt sich die Fährte als Sackgasse.

Wird es den Ermittlern gelingen, den Täter zu stellen und den Fall zu lösen? Ein Thriller voller Spannung und nichts für schwache Nerven.

Verlag: Engelsdorfer Leipzig

ISBN: 3-86901-219-6

Preis: 9,30 Euro

Im Sommer 2009 erscheinen folgende Romane:

Gregory und die geheimnisvolle Insel

(ein Fantasyroman für Groß und Klein)

Gregory saß wie so oft vor dem Computer. Draußen regnete es in Strömen und der Wind heulte und fegte die Bäume hin und her. Da er mit seinen Hausaufgaben gerade eben fertig geworden war, stand er auf und nahm sich ein Buch.

Das hatte er vor einer Woche von seinen Eltern zum Geburtstag bekommen und las darin, wann immer er nur konnte, denn es war sehr spannend. Wenn er in dem Buch las, rief er immer einen ganz bestimmten Bildschirmschoner auf.

Der zeigte einen Ausschnitt einer Insel, einen kleinen Strand und eine hohe Felswand. Das besondere daran waren die Geräusche. Man hörte die Wellen an den Strand schlagen und das gab Gregory ein richtig tolles Abendteuerfeeling.

Als er zufällig einmal aus dem Buch aufsah, erblickte er auf dem Bildschirmschoner einen Mann, der am Strand entlanglief. Da, jetzt rief er ihn. „Gregory, he Gregory, komm her, ich muss etwas mit dir besprechen. Nun komm schon, ich habe nicht ewig Zeit."

Gregory erhob sich und berührte vorsichtig den Bildschirm. Bei der Berührung verschwanden seine Fingerspitzen in dem Bild und plötzlich wurde er wie von Zauberhand durch den Bildschirm gesogen --- einfach so.

Was Gregory auf der geheimnisvollen Insel alles erlebt, davon berichtet dieses Buch. Ich wünsche spannende Unterhaltung.

Der Familienmensch

Der Familienmensch ist der zweite Thriller aus der Ostbelgien – Reihe rund um das Ermittlerteam Berger und de Ruijter, die schon aus >Blume der Vergeltung< bekannt sind. Bochanan macht in diesem mitreissenden Roman einen Ausflug in die Abarten der menschlichen Seele und zeigt schonungslos auf, wozu das >Tier Mensch< fähig ist. Diesen Roman sollten sie auf keinen Fall versäumen.

<u>Das Leben 2. Teil (Erwachsen oder?)</u>

In der Fortsetzung des Buches, das sie gerade in Händen halten, erzählt Bochanan Erlebnisse und Begebenheiten aus dem zweiten Lebensabschnitt, dem Erwachsensein. Auch das wird wieder, genau wie in diesem Band hier, in Versform geschehen.

Die Neuerscheinung im Herbst

Ohne Chance, gescheit oder gescheitert?

Dieser spannende Roman erzählt die Geschichte eines Mannes, Franz Gröber, der seinen Beruf ausübte, weil er in ihm einen Sinn sah und ihn für gut und wichtig hielt. Tagein tagaus kämpfte er für Recht und Ordnung und gegen die Kriminalität.

Franz Gröber ist privater Ermittler und bearbeitet vorwiegend Kleinkriminalität wie Ladendiebstahl, Unterschlagung, Betrug,

Urkundenfälschung und Ähnliches. Doch im Laufe der Jahre reift in ihm die Erkenntnis, dass er sein Leben als Don Quichotte fristet. Er erkennt, dass der deutsche Staat, statt die Bemühungen aller Ermittler zu unterstützen, ihnen immer mehr Knüppel zwischen die Beine schmeisst und so letztendlich aus den guten die bösen Buben werden. Er will sich nicht weiter vorführen lassen.

Deshalb fasst er einen Entschluss, der sein Leben von Grund auf ändern soll, aber lesen sie selbst.

Die hier beschriebenen Ereignisse beruhen auf Tatsachen, auch wenn

Personen und Orte nicht existieren, mit Ausnahme der Städte, die genannt werden.

Aufgezeigt werden vom Autor nicht nur die Tricks der Täter und die sprunghaft angestiegene Kriminalitätsrate, sondern auch die Unfähigkeit des Staates, diese Personen in ihre Schranken zu weisen, denn letztlich ist es immer nur einer, der die Zeche zahlt, der deutsche Bürger.

Peter Bochanan